Inhalt

Clean-Label-Produkte - Verbraucher bevorzugen Lebensmittel ohne chemische Zusätze

Kernthesen

Beitrag

Fallbeispiele

Weiterführende Literatur

Impressum

GENIOS WirtschaftsWissen Nr. 07/2010 vom 02.07.2010

Clean-Label-Produkte - Verbraucher bevorzugen Lebensmittel ohne chemische Zusätze

I. Zeilhofer-Ficker

Kernthesen

- Immer mehr Verbraucher greifen beim Lebensmitteleinkauf zu Produkten, die frei von chemischen Zusätzen sind.
- Die Lebensmittelproduzenten reagieren auf den Trend durch Umstellung der Rezepturen und entsprechender Frei-von-Kennzeichnung.
- Die EU-Behörden haben mit dem neuen

Zusatzstoffpaket die Verwendung von Zusätzen in der Lebensmittelproduktion weiter eingeschränkt bzw. eine entsprechende Deklarierungspflicht verhängt.

Beitrag

Lebensmittel-Zusatzstoffe - beim Verbraucher umstritten, beim Hersteller schwer verzichtbar

Die industrielle Herstellung von Lebensmitteln ging in früheren Jahren meist einher mit dem Zusatz von chemischen Farben, Aromen oder Konservierungsstoffen. Auch wurden häufig Additive zur Vereinfachung des Produktionsprozesses wie Stabilisatoren oder Geschmacksverstärker zugesetzt. Damit die Wurst schön rosa aussieht, wurde Nitrat verwendet, der Geschmack von Fertiggerichten durch Glutamat verbessert, das Erdbeeraroma von Joghurt künstlich vorgegaukelt und die Hautbildung auf dem Pudding durch chemisch modifizierte Stärke verhindert. (1)

Doch dieses Vorgehen wird von immer mehr

Verbrauchern in Frage gestellt. Viele leiden unter Lebensmittelallergien und Unverträglichkeiten. Vor allem Kinder reagieren oft heftig auf chemische Stoffe im Essen und das sich häufende Auftreten von Hyperaktivität bei Kindern wird gerne den Zusatzstoffen angelastet. In der Folge greifen immer mehr Verbraucher mit Vorliebe zu Produkten, die keine Konservierungsstoffe, künstliche Farb- oder Aromastoffe, Geschmacksverstärker oder sonstige Chemikalien enthalten. (2), (3), (4)

In Großbritannien ziehen bereits 69 Prozent der Verbraucher Lebensmittel vor, die keine künstlichen Additive enthalten. Und auch in Deutschland belegen Studien, dass natürliche Produkte einen klaren Marktvorteil haben. Man kauft, was man kennt und möchte am liebsten nur die Zutaten auf dem Etikett lesen, die man selbst in der Küche auch verwendet. Manche Branchenvertreter sprechen sogar davon, dass der Drang zu sauberen Lebensmitteln schon kein Trend mehr sei, sondern eher als Standard gelte. Sicher ist, dass der Wunsch nach gesunder Ernährung auch in der Zukunft immer mehr an Bedeutung gewinnen wird. (4), (5), (6), (7)

Nicht alle Hersteller sehen dies ohne Sorge. Denn so mancher Fertigungsprozess lässt sich nur mit großen Mühen so umstellen, dass auf die Chemie verzichtet werden kann. Nicht nur Rezepturen müssen komplett geändert werden, oft bedeutet es auch, dass bewährte

Fertigungsverfahren ersetzt werden müssen. Probleme bereiten unter anderem die schlechtere Produktstabilität oder eine kürzere Haltbarkeitsdauer, wenn auf chemische Zusätze verzichtet wird. Einige Farbtöne lassen sich mit natürlichen Zutaten überhaupt (noch) nicht erreichen. Gemein ist den sauberen Verfahren aber immer, dass sich die Herstellungskosten durch den Verzicht erhöhen und die Endprodukte teurer verkauft werden müssen. (6), (8)

Deklarationspflichten und Clean-Label

In Europa ist der Einsatz von Zusätzen in Lebensmittel streng geregelt. Diverse Gesetze und Verordnungen erlauben nur den Einsatz von speziell zugelassenen Stoffen in begrenzter Menge. Die EFSA (European Food Safety Authority = Europäische Behörde für Lebensmittelsicherheit) hat in diesem Rahmen die Aufgabe, Sicherheitsbewertungen von Lebensmittelzusatzstoffen durchzuführen. Erst wenn die EFSA-Prüfung keine oder geringe Gesundheitsbedenken ergibt, wird ein Stoff für die Verwendung in Lebensmitteln zugelassen. Entsprechende Maximalmengen werden vorgegeben. Alle Zusätze müssen außerdem auf der Verpackung ausgewiesen werden, und zwar entweder mit ihrer E-

Nummer oder ihrer chemischen Bezeichnung. Die E-Nummer bürgt dafür, dass der Stoff in Europa auf seine gesundheitliche Unbedenklichkeit überprüft wurde und technologisch notwendig ist. (8), (10)

Das gesamte Gesetzeswerk zur Zulassung und Deklarierung von Lebensmittelzusatzstoffen wurde erst kürzlich in der EU überarbeitet. Das Resultat ist das EU-Zusatzstoffpaket, auch Food Improvement Agents Package (FIAP), das zum Großteil zum 20.01.2010 in Kraft getreten ist. Darin ist unter anderem festgelegt, dass auch alle bereits zugelassenen Additive von der EFSA neu bewertet werden müssen. Je nach Ergebnis können die Stoffe dann auf die Positivliste von zugelassenen Stoffen aufgenommen werden, die ab ca. 2015 Anwendung finden soll. (9), (10), (11)

Einerseits verlangt also der Verbraucher nach natürlichen Nahrungsmitteln, andererseits verschärft der Gesetzgeber die Vorschriften zur Verwendung und Kennzeichnung von Zusatzstoffen. Diese Situation treibt den Trend zu Clean-Label-Produkten voran. Unter Clean Label versteht man Lebensmittel, die keine künstlichen Zusatzstoffe enthalten, also auch keine Additive auf der Zutatenliste aufführen müssen. Das Etikett ist also sauber bzw. clean. (8)

Für den Verbraucher sind Clean-Label-Produkte meist dadurch erkennbar, dass auf ihre Natürlichkeit mit dem Hinweis Frei von& oder Ohne&. hingewiesen wird. Dieser Hinweis wird mittlerweile gerne werbewirksam eingesetzt, sodass sich damit Absatzsteigerungen in bis zu zweistelliger Höhe erreichen lassen.(8)

Trends

Die Gesundheit ist der Menschen wertvollstes Gut, das man sich durch gesunde Ernährung erhalten will. Nichts deutet darauf hin, dass sich das Gesundheitsbewusstsein der Verbraucher in den nächsten Jahren abschwächen wird. Im Gegenteil, eine gesunde Ernährung wird vor allem für Familien immer wichtiger. Natürlich, clean und bio sind Attribute, die den Verbraucher auch gerne etwas tiefer in die Tasche greifen lassen. Dies stützt auch die repräsentative Verbraucher-Studie "16 Hot Trends" des Marktforschungsbüros Ipsos. So wird es denn kaum noch einen Lebensmittelproduzenten geben, der sich nicht mit dem Thema Clean Label auseinandersetzen muss. Die Reduzierung von E-Nummern und deren komplette Eliminierung auf der Zutatenliste ist in der gesamten Branche zum wichtigen Thema geworden. Denn Clean verspricht inzwischen fast immer Marktvorteile und höhere Umsätze. (14)

Fallbeispiele

Die Marke Livio der Homann Feinkost GmbH steht für Rezepturen ohne Konservierungsstoffe, Geschmacksverstärker, Farb- und Süßstoffe. Das neu entwickelte Livio-Ketchup enthält außerdem auch keine Bindemittel und entspricht so dem gesamten Clean-Label-Konzept. (7)

Die Frosta AG entschied sich schon vor fünf Jahren dafür, nur noch frische Zutaten ohne künstliche Zusatzstoffe zu verwenden. Ein weiser Schritt, wie sich nach kurzen Umsatzeinbrüchen wegen des höheren Preises herausstellte. Mittlerweile liegen die Gewinne aber rund zehnmal so hoch wie vor der Umstellung. (8)

Bei der Wurstproduktion ist es besonders schwierig, auf Zusatzstoffe zu verzichten, vor allem, wenn man auch noch fettarm produzieren will. In einem Gemeinschaftsprojekt zwischen dem Metzger Josef Pointner, der Edeka Handelsgesellschaft sowie dem Fraunhofer Institut für Verfahrenstechnik und Verpackung, Freising, wurden mittlerweile sechs Wurstsorten entwickelt, die durch neue Herstellungsprozesse auf Clean umgestellt wurden. Zielgruppe der Fix und Foxi Würste sind vor allem Kinder. Neben Gelbwurst und Wiener als Kinderklassiker stehen auch noch die Sorten Cabanossi, Mortadella mit Gemüse, Streichleberwurst und Schinkenfleischwurst zum Verkauf. (12)

Die Firma H. & E. Reinert Westfälische Privat-Fleischerei GmbH & Co. KG aus Versmold brachte speziell für Kinder Clean Label-Wurstwaren auf den Markt, die ohne Zugabe von künstlichen Zusatzstoffen hergestellt werden. Argumentation von Geschäftsführer Hans-Ewald Reinert hierfür: Qualitativ hochwertige Produkte lassen sich auch in wirtschaftlich schwierigen Zeiten auf dem Markt durchsetzen. Ihre Clean Label-Produkte sind "Bärchen-SchlaWiener" und "Bärchen-Salami". (13)

Weiterführende Literatur

(1) Mit natürlichen Zutaten zum Clean Label
aus afz - allgemeine fleischer zeitung Nr. 35 vom 26.08.2009 Seite 018

(2) Verzicht auf Glutamat, Gluten & Co. Weniger ist mehr
aus LEBENSMITTEL PRAXIS NR. 009 VOM 07.05.2010 SEITE 012

(3) Sauber verwurstet
aus werben & verkaufen Nr. 19 vom 14.05.2010, S. 21

(4) Bald Standard?
aus LEBENSMITTEL PRAXIS NR. 009 VOM 07.05.2010 SEITE 017

(5) Die Zukunft heißt "Clean Label"
aus LEBENSMITTEL PRAXIS NR. 009 VOM 07.05.2010
SEITE 017

(6) Attraktive sensorische Eigenschaften und Zutatenlisten ohne E-Nummern durch physikalisch veredelte Mehle Zurück zur Natur
aus dei - die ernährungsindustrie, Heft 3, 2010, S. 40

(7) Menschen - InterviewDer Feinkosthersteller Homann will die Traditionsmarke Livio stärken.
aus Rundschau für den Lebensmittelhandel Nr. 06 vom 01.06.2010 Seite 080

(8) Sauberes Industrie-Essen gesucht
aus Handelsblatt Nr. 196 vom 12.10.09 Seite b02

(9) Der heutige Zeitgeist ist schnelllebig
aus Fleischwirtschaft 04 vom 22.04.2010 Seite 018

(10) Lebensmittelzusatzstoffe
aus Fleischwirtschaft 04 vom 22.04.2010 Seite 018

(11) Food Improvement Agents Package (FIAP) - Das neue EG-Zusatzstoffpaket im Kurzüberblick
aus Fleischwirtschaft 04 vom 22.04.2010 Seite 018

(12) Extrawurst für Kinder Fraunhofer-Forscher entwickeln fettreduzierte Wurst ohne Zusatzstoffe
aus DIE WELT, 03.03.2010, Nr. 52, S. 27

(13) Starke Nachfrage nach Kinderwurstwaren
aus Lebensmittel Zeitung 23 vom 11.06.2010 Seite 050

(14) Clean-Label-Produkte vorn
aus gv praxis Nr. 05 vom 07.05.2010 Seite 003

Impressum

Clean-Label-Produkte - Verbraucher bevorzugen Lebensmittel ohne chemische Zusätze

Bibliografische Information der deutschen Nationalbibliothek

Die Deutsche Nationalbibliothek verzeichnet diese Publikation in der deutschen Nationalbibliografie; detaillierte bibliografische Daten sind im Internet über http://dnb.d-nb.de abrufbar.

ISBN: 978-3-7379-1512-0

© 2015 GBI-Genios Deutsche Wirtschaftsdatenbank GmbH, Freischützstraße 96, 81927 München, www.genios.de

Alle Rechte vorbehalten. Dieses Werk ist einschließlich aller seiner Teile – z.B. Texte, Tabellen und Grafiken - urheberrechtlich geschützt. Jede Verwertung außerhalb der Grenzen des Urheberrechtsgesetzes bedarf der vorherigen Zustimmung des Verlags. Dies gilt insbesondere auch für auszugsweise Nachdrucke, fotomechanische Vervielfältigungen (Fotokopie/Mikroskopie), Übersetzungen, Auswertungen durch Datenbanken oder ähnliche Einrichtungen und die Einspeicherung und Verarbeitung in elektronischen Systemen.